food colour

RED

Tectum Publishers
Godefriduskaai 22
2000 Antwerp, Belgium
info@tectum.be
+ 32 3 226 66 73
www.tectum.be

ISBN: 978-907976-11-28
WD: 2009/9021/18
(66)

Idea and realization: LiberLab, Italy (www.liberlab.it)
Graphic project: Maya Kulta
Text: Giuliana Cagna
Photography: Fabrizio Esposito
Layout: gi.mac grafica, Italy (www.gimacgrafica.it)
Translations: Anna Carruthers (English), Viviane Babando (French), Roel Daamen (Dutch)

f o o d   c o l o u r

RED

Text
Giuliana Cagna

Photography
Fabrizio Esposito

TECTUM
PUBLISHERS

Contents Sommaire *Inhoud*

food colour

What do a strawberry, a slice of watermelon, a tomato and a cherry have in common? The colour red, naturally, which characterizes many different varieties of fruit and vegetables. And while in everyday life red has always been the colour of passion, when it comes to food red means energy and vitality, sunshine and feeling good.

Qu'ont-elles en commun une fraise ou bien une tranche de pastèque, une tomate ou une cerise? La couleur rouge naturellement, qui marque plusieurs variétés de fruits et de légumes ! Et si dans la vie de tous les jours le rouge est depuis toujours la couleur de la passion, dans la nourriture le rouge dégage énergie et vitalité, soleil et bien-être.

Wat hebben een aardbei, een stuk watermeloen, een tomaat en een kers gemeen? De kleur rood, natuurlijk, zo karakteristiek voor veel soorten groenten en fruit. En terwijl in het dagelijkse leven rood altijd de kleur van passie is geweest, betekent de kleur rood in het geval van eten energie en vitaliteit, zonneschijn en je goed voelen.

RED

bring colour to your table

ajoutez une couleur à votre table

breng kleur op tafel

We usually split the food we eat into categories according to the type of dish (starter, main course or dessert), or food group (fruit, vegetables, meat, fish, cereals, etc.), or by its nutritional characteristics (whether rich in protein or vitamins, carbohydrates or fat, fibre or antioxidants).

Nous avons l'habitude de subdiviser la nourriture que nous mangeons selon des catégories qui se rapportent au type de service (hors-d'œuvre, entrées, plats de résistance ou desserts) ou bien à la typologie de l'aliment de base (fruits, légumes, viandes, poissons, céréales, etc.) ou bien encore selon leurs caractéristiques nutritives (aliments riches en protéines plutôt qu'en vitamines, en hydrates de carbone plutôt qu'en graisses, en fibres plutôt qu'en antioxydants).

Eten wordt meestal onderverdeeld in categorieën al naargelang de soort schotel (voorgerecht, hoofdgerecht of dessert), voedselgroep (fruit, groenten, vlees, vis, granen, etc.), of eigenschappen in termen van voedingswaarde (rijk aan proteïnen of vitaminen, koolhydraten of vet, vezels of antioxidanten).

Here we want to consider food by its colour: food colour is like a flag that immediately identifies the product before us, even though two foods might belong to completely different groups.

Et si nous essayions au contraire pour une fois de lire les aliments et les produits à travers leur couleur? Souvent en effet la couleur de l'aliment est une sorte de carte d'identité qui identifie immédiatement le produit qui est devant nous, même s'il appartient à des univers alimentaires, pour ainsi dire, complètement différents.

En als we ons eten nu eens zouden indelen aan de hand van kleur? De kleur van ons eten is een signaal dat onmiddellijk de soort aanduidt van het product dat voor ons staat, ook al behoren twee producten tot volkomen verschillende groepen.

What do a strawberry and a tempting slice of raw ham have in common, for example? Or a slice of watermelon and a tender veal cutlet? Naturally very little in nutritional terms, but if we look at things from a chromatic point of view, the colour red dominates.

Qu'ont-elles en commun, par exemple, une fraise et une belle tranche de jambon cru? Ou bien une tranche de pastèque et un hachis de veau? Naturellement peu ou rien si on raisonne en termes de nutrition, alors que si on considère comme point de vue l'aspect chromatique ce qui l'emporte c'est la couleur rouge.

Wat hebben een aardbei en een aanlokkelijke snee rauwe ham bijvoorbeeld gemeen? Of een stuk watermeloen en een mals kalfslapje? In termen van voedingswaarde vrij weinig, maar chromatisch gezien domineert de kleur rood.

colour is good for you

la couleur fait du bien
kleur is goed voor je

We already know that many foodstuffs, especially fruit and vegetables, are packed with beneficial properties linked to their colour. Our well-being at the table therefore comes not just from a healthy diet based on the right proportions of foods (and the food pyramid can help us get an idea of the right quantities and importance of the various food groups), but also from the colour we consume with the food we eat. It is a question of sight as well as flavour, as we receive stimulation not only through our taste buds, but also through our eyes. We react differently to a dish of pasta with tomato sauce, obviously red in colour, and to bowl of blueberries, after all.

Il est désormais prouvé que beaucoup de produits, surtout ceux d'origine des fruits et légumes sont riches d'éléments protectifs qui sont liés à la couleur. Une partie du bien-être à table est donc le résultat non seulement d'une alimentation correcte qui tient compte de la juste proportion entre les éléments nutritifs (et à ce propos la pyramide alimentaire qui règle et suggère les quantités et la priorité de certains produits par rapport aux autres peut nous aider) mais aussi de la couleur que nous «assumons» des produits que nous mangeons. Attention parce qu'il ne s'agit pas seulement du goût mais aussi de la vue : c'est à dire les stimuli que nous recevons ne sont pas seulement ceux qui proviennent des papilles gustatives mais aussi de nos pupilles. Comment réagissons nous devant un plat de pâtes assaisonnées avec de la tomate, évidemment rouge, ou bien devant un bol de myrtilles de couleur bleuâtre?

Het is bekend dat vele etenswaren, met name fruit en groenten, boordevol goede eigenschappen zitten die verbonden zijn met hun kleur. Ons welzijn aan tafel komt dan ook niet alleen door een gezond dieet op basis van de juiste onderlinge verhoudingen (waarbij de schijf van vijf ons een idee geeft van het belang van afwisseling en de juiste hoeveelheden van de verschillende voedingsgroepen), maar ook door de kleur van ons eten. Het is dus niet alleen een kwestie van smaak, maar ook van hoe ons eten eruit ziet: we ontvangen stimuli niet alleen via onze smaakpapillen maar evenzoveel via onze pupillen. Daarom is onze reactie bij een bord pasta met tomatensaus, overduidelijk rood, zoveel anders dan bij een schaaltje blauwige bosbessen.

In many cultures, such as China for example, colours correspond to certain flavours (red for bitter, yellow for sweet, white for spicy, black for salty and green for sour), while foods characterized by the white of bread or the red of meat and wine are symbolically associated with abundance. Other traditions link the colours of food to positive natural elements such as light, while the colour black is often connected to poverty and hunger. And the modern day food industry also exploits the importance of colour to guide and persuade consumers: just think of the colour of the images shown on packaging (natural green has a healthy look, while sea blue clearly evokes freshness), meaning our purchases may be more influenced by the eye than by the brain.

D'autre par dans beaucoup de traditions, comme par exemple la tradition chinoise, les couleurs ont une correspondance avec une saveur déterminée (le rouge indique l'amer, le jaune le sucré, le blanc le piquant, le noir le salé et le vert l'acide) alors que beaucoup d'aliments marqués par le blanc du pain et le rouge des viandes et du vin étaient symboliquement liés à l'abondance. D'autres traditions lient la couleur des aliments aux éléments naturels positifs comme la lumière, alors que la couleur noire était souvent associée à la faim et à la misère. Les modernes industries alimentaires exploitent également l'importance de la couleur pour diriger et persuader les consommateurs : il suffit de voir la couleur des images reproduites sur les packagings (par exemple le vert naturel renvoie à une sensation de bien-être alors que le bleu de la mer rappelle sans aucun doute la fraicheur). Cela pour dire que souvent l'achat passe plus à travers les yeux que non à travers le cerveau.

In sommige culturen, in China bijvoorbeeld, bestaat er een verband tussen kleuren en bepaalde smaken (rood voor bitter, geel voor zoet, wit voor heet, zwart voor zout, en groen voor zuur), terwijl de witte kleur van brood of de rode kleur van vlees en wijn symbolisch verbonden is met overvloed. In weer andere wordt de kleur van eten in verband gebracht met positieve natuurlijke elementen zoals licht, terwijl zwart juist voor honger en armoede is komen te staan. Ook de hedendaagse voedselindustrie buit het belang van kleur uit om de consument te sturen en beïnvloeden: denk maar aan de veelkleurige afbeeldingen op verpakkingen (de kleur groen roept natuur en gezondheid op, terwijl zeeblauw associaties opwekt met versheid). Het boodschappen doen wordt zo soms meer beïnvloed door ons oog dan door onze hersenen.

Another approach that places great importance on the use of colour in cooking is yoga, according to which our desire for certain foods is connected to interior needs and requirements. It is thought that some colours are a source of vibrations that change with the passing of the seasons, and this is reflected in the colour of produce: summer is the time for bright colours like the red of tomatoes, while spring is the season for greens. In the 1940s Professor Max Lüscher created a series of comparative colour tables (based around yellow, red, blue and green), describing the need that each colour evokes and its meaning from both the physiological and psychological points of view (to find out more, visit the site www.luscher-color.com).

Cela pour dire que souvent l'achat passe plus à travers les yeux que non à travers le cerveau. Une autre pratique qui tient beaucoup en considération l'emploi de la couleur dans la cuisine est le yoga selon lequel certaines prédispositions alimentaires sont liées à des exigences et à des besoins intérieurs. Par exemple certaines couleurs sont portantes, pour ainsi dire, de vibrations qui changent avec le changement des saisons et donc aussi avec la couleur des produits qui se trouvent pendant des périodes déterminées de l'année : par exemple en été il faut privilégier les couleurs intenses comme le rouge des tomates alors qu'au printemps la préférence va aux couleurs vertes. Dans les années quarante le prof. Max Lüscher a mis au point une série de tableaux comparatifs entre la couleur (les couleurs de Lusher sont 4 : jaune, rouge, bleu et vert), le besoin qu'elle exprime et son sens aussi bien physiologique que psychologique (qui est intéressé à approfondir peut consulter le site www.luscher-color.com).

Een andere benaderingswijze van het grote belang van kleur bij het koken vinden we bij yoga, waar ons verlangen naar bepaalde soorten voedsel verbonden is aan innerlijke behoeften. Sommige kleuren, zo heet het, zijn de drager van vibraties die veranderen met het wisselen van de seizoenen, wat ook zijn weerslag heeft op de kleuren van de seizoensproducten: de zomer is de juiste periode voor felle kleuren, zoals het rood van tomaten, terwijl de lente het groene seizoen is. In de jaren veertig creëerde professor Max Lüscher een aantal vergelijkende kleurtabellen (gebaseerd op de vier kleuren geel, rood, blauw en groen) die de behoefte uitdrukken die door elke kleur wordt opgewekt, zowel fysiologisch als psychologisch (meer informatie hierover kun je vinden op de website www.luscher-color.com).

ravishing red

se gaver de rouge
ravissant rood

As we all know, red symbolizes passion, and red foods have high levels of potential energy, which is what makes them so tempting. We can find the colour red in tomatoes, cherries, watermelons, strawberries, radishes and many other foods. The two substances responsible for red are lycopene and anthocyanines, both powerful antioxidants. And thanks to their potassium content, red foods are important from the energy point of view too. Let's take a look at some of them.

Comme on le sait, le rouge symbolise la passion et les aliments rouges ont une forte potentialité énergétique qui stimule à la consommation. Où trouvons-nous le rouge dans la nourriture? Evidemment dans la tomate, mais aussi dans les cerises, dans la pastèque, dans les fraises, dans le radis, etc. Les deux éléments responsables de la couleur rouge sont le licopène et les antocianines, doués d'un fort pouvoir antioxydant. En outre, grâce à leur contenu de potassium, les aliments rouges sont importants d'un point de vue énergétique. Allons donc en voir quelques uns.

Zoals alom bekend is de kleur rood het symbool voor passie, en rode etenswaren zijn onweerstaanbaar door hun hoge energiewaarden. Rood vinden we terug in tomaten, kersen, watermeloen, aardbeien, radijs en veel ander voedsel. De twee elementen die voor de rode kleur zorgen, zijn lycopeen en anthocyanine, beide krachtige antioxidanten. En dankzij het hoge kaliumgehalte zijn rode voedingswaren ook belangrijk voor onze energie. Laten we eens enkele voorbeelden bekijken.

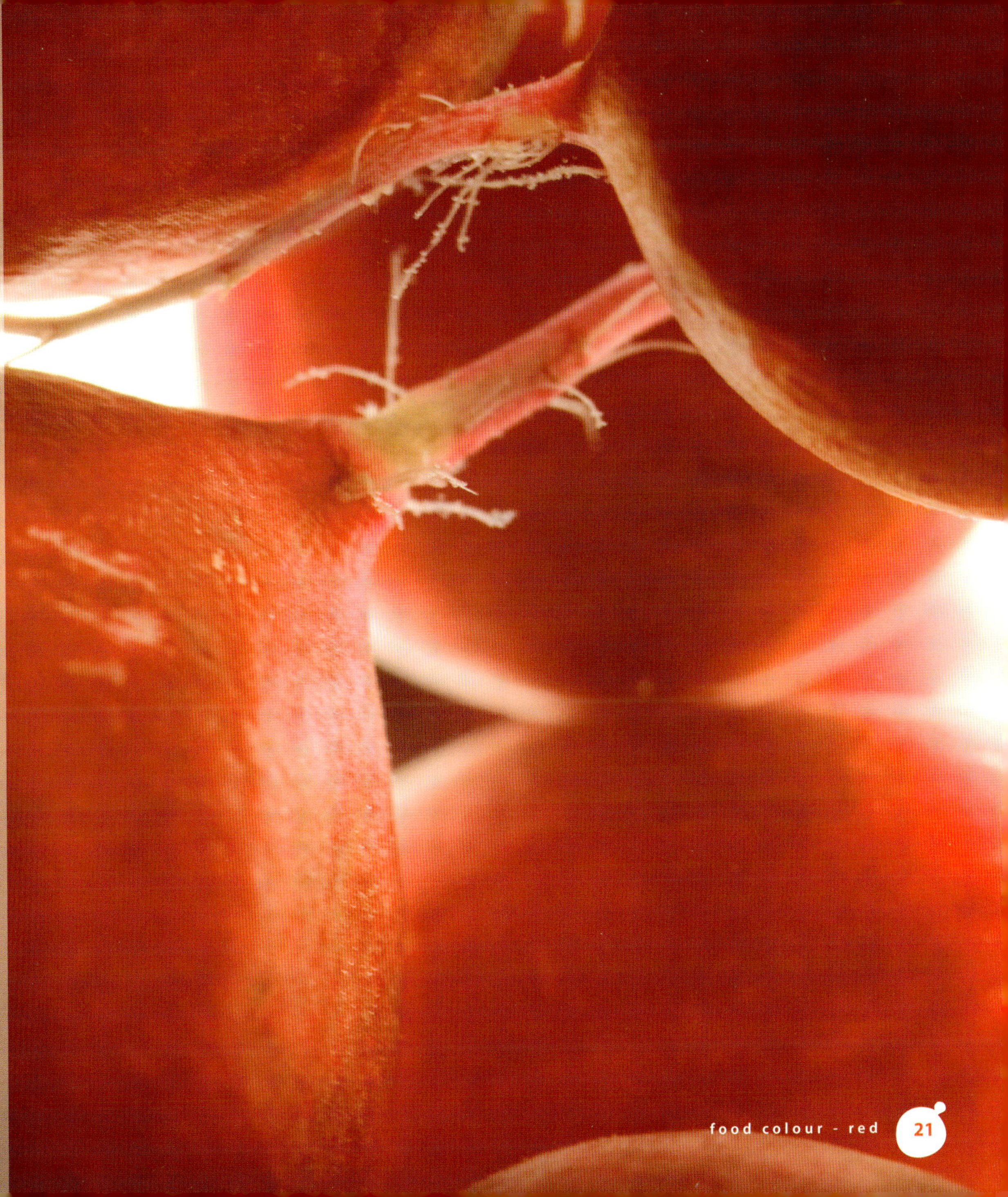

peppers

poivron

paprika's

Whether red, yellow or green, peppers can be used in a huge variety of ways, both raw and cooked. They are literally packed with beneficial substances: a concentrated hit of vitamin A and above all vitamin C, along with beta-carotene, which is an antioxidant, protects from infection and has a detoxifying action. Peppers also contain substances that improve the tone of the blood vessels. Their high percentage of water and low calorie content (around 20 calories per 100 g) make them ideal while dieting.

Non seulement rouges, mais aussi jaunes et verts, les poivrons peuvent devenir protagonistes d'infinies préparations, aussi bien crus que cuits. Ils sont riches en substances bénéfiques pour notre organisme ; un concentré de vitamine A et surtout de vitamine C, auquel on ajoute le bêta-carotène, un antioxydant, anti-infectieux et désintoxiquant. Le poivron contient en outre des substances qui favorisent la tonicité des vases capillaires le bon pourcentage d'eau et l'apport calorique bas (20 calories pour 100 g) le rend idéal pour les régimes hypocaloriques.

Rode, gele en groene paprika's kunnen op vele verschillende manieren worden gebruikt, zowel rauw als gekookt. Ze zitten boordevol goede eigenschappen: een geconcentreerde dosis vitamine A en vooral vitamine C, naast de antioxidant bèta-caroteen die beschermt tegen infecties en die een zuiverende werking heeft. Paprika's bevatten ook bestanddelen die een gunstig effect hebben op onze bloedvaten. Door het hoge percentage water en lage calorische waarde (ongeveer 20 calorieën per 100 gr.) zijn ze ideaal voor wie op dieet is.

beetroot

betterave rouge

rode bieten

The red of the beetroot, due to the presence of betanine, is so intense that it is used as a natural colorant (for example for coloured fresh pasta). Round and fleshy, it has a sweet flavour due to the presence of sucrose. From the nutritional point of view it is rich in potassium, phosphorous, folic acid and vitamin C. It is delicious boiled or juiced, or in salads or hot dishes like Russian *borscht* soup, made with beetroot, meat and sour cream.

La couleur de la chair de la betterave, due à la bétanine, a une intensité telle qu'on peut l'utiliser comme colorant naturel (par exemple, dans les pâtes fraîches colorées). Ronde et charnue, elle a une saveur douce due à la présence du saccarose. Du point de vue nutritif elle est riche en potassium, phosphore, acide folique et vitamine C. Elle est excellente dans les salades ou les préparations chaudes comme le *borscht*, une soupe russe avec de la betterave, de la viande et de la crème acide, mais aussi bouillie ou sous forme de jus.

Het rood van bieten, veroorzaakt door de aanwezigheid van betanine, is zo intens dat het ook gebruikt wordt als natuurlijke kleurstof (in gekleurde verse pasta, bijvoorbeeld). Ronde en vlezige bieten hebben een zoete smaak omdat ze sucrose bevatten. Ze zijn rijk aan kalium, fosfor, foliumzuur en vitamine C. Ze zijn heerlijk gekookt of als sap, in salades of in warme gerechten zoals borscht*, een Russische soep met bieten, vlees en zure room.*

tomatoes

tomate

tomaten

Widespread and a firm favourite, tomatoes can be enjoyed simply cut in half with a pinch of salt, to savour the full flavours of the sun and the earth, the ripening action of which enriches the fruit with precious beneficial substances (antioxidants like lycopene, beta-carotene and vitamin C). The tomato offers infinite variety in cooking: from tempting starters, fillings, salsas and sauces, to soups, and first and second courses of various kinds. The juice makes a very healthy drink, and dried tomatoes are a fantastic ingredient which adds flavour to many dishes.

Répandue et appréciée partout, la tomate peut se déguster en la coupant simplement en deux et en y ajoutant une pincée de sel pour goûter en plein toute la saveur du soleil et de la terre qui l'ont fait mûrir et l'ont enrichie de précieuses substances bénéfiques (antioxydants comme le licopène, le bêta-carotène et la vitamine C). Son utilisation en cuisine est vraiment infinie : d'appétissants hors d'œuvre, farces, sauces et jus, soupes, potages, premiers et seconds plats de différents types. Son jus est également une excellente et bénéfique boisson, alors que séchée elle devient un très bon ingrédient pour donner de la saveur aux différentes préparations.

Tomaten zijn wereldwijd gekend en geliefd. Gehalveerd en met een beetje zout kun je het beste de volle smaak proeven van zon en aarde, die de tomaat hebben laten rijpen en verrijkt met belangrijke gezonde voedingsbestanddelen (antioxidanten als lycopeen, bèta-caroteen en vitamine C). De manieren om tomaat te bereiden zijn eindeloos: van verleidelijke voorgerechten, vullingen, salsa's en sauzen, tot soepen en allerhande hoofdgerechten. Tomatensap is een gezonde drank, en gedroogde tomaten zijn een fantastisch ingrediënt voor het op smaak brengen van schotels.

cherries

cerise

kersen

These are one of the most popular fruits, but don't overindulge! With their classic round shape and dark red or yellow/red colour, cherries are wonderful eaten fresh (one leads to another…) or in the shape of juice, jam or liqueurs like cherry liqueur, kirsch or ratafia. Among the beneficial substances they contain are vitamins A and B, mineral salts like calcium, magnesium, potassium and iron, and antioxidants. Despite their high sugar content, they are low in calories (around 40 calories per 100 g).

C'est un des fruits le plus aimé, mais attention à ne pas s'en gaver ! Avec sa typique forme ronde, de couleur rouge sombre ou jaune-rouge, les cerises sont exquises consommées fraîches (une tire l'autre, dit un vieux dicton populaire) ou bien sous forme de jus, de confitures et de liqueurs comme le Cherry, le Kirsch ou le Ratafia. Parmi les substances bénéfiques que la cerise possède il y a les vitamines A et B, les sels minéraux comme le calcium, le magnésium, le potassium, le fer et les antioxydants. Riche en sucre, elle a un modéré contenu calorique (environ 40 calories pour 100 g).

Dit is een van de meest populaire vruchten, maar kijk uit dat je niet overdrijft! Met de klassieke ronde vorm en de donkerrode of geel-rode kleur zijn kersen heerlijk om vers te eten (van 't een komt 't ander...) of als sap, jam of likeurtjes zoals kersenlikeur, kirsch of ratafia. Enkele van de goede bestanddelen van kersen zijn vitamine A en B, mineralen als calcium, magnesium, kalium en ijzer, en antioxidanten. Ondanks hun hoge suikergehalte zijn kersen redelijk caloriearm (ongeveer 40 calorieën per 100 gr).

recipes

recettes

recepten

Tandoori bites

Fricassée Tandoori. *Tandoori-fricassee*

Difficulty ●●●○ Time: 60 minutes

600 g chicken pieces, 600 g tandoori paste, 750 g plain yoghurt, olive oil, 200 ml white wine, vegetable stock, salt
For serving: 200 g basmati rice
Mix the tandoori paste with the yoghurt, add the chicken pieces, cover and leave to marinade in the fridge for at least 4 hours. Then remove the chicken from the marinade, draining it carefully, and put the sauce aside. Heat the oil in a pan and brown the chicken over a high heat, add the salt and the wine, and once it has evaporated, add the marinading sauce, then turn down the heat and cook over a moderate heat for around 20 minutes, adding a little hot stock if necessary. Serve on a bed on basmati rice cooked in boiling salted water.

600 g de poulet en petits morceaux, 600 g de pâte Tandoori, 750 g de yaourt blanc, de l'huile d'olive, 200 ml de vin blanc, du bouillon végétal, du sel
Pour accompagner : 200 g de riz Basmati
Mélangez la pâte Tandoori avec le yaourt, unissez les petits morceaux de poulet, couvrez et faites mariner au réfrigérateur pendant au moins 4 heures. Egouttez soigneusement le poulet de la marinade que vous réserverez, chauffez l'huile dans une poêle et faites revenir les morceaux à feu vif, salez, mouillez avec du vin blanc et, quand il sera évaporé, ajoutez la marinade, baissez le feu et faites cuire à flamme modérée pendant 20 minutes environ, ajoutez si nécessaire un peu de bouillon chaud. Servez sur un lit de riz basmati bouilli dans de l'eau bouillante salée.

600 gr kipstukjes, 600 gr tandooripasta, 750 gr halfvolle yoghurt, olijfolie, 200 ml witte wijn, groentebouillon, zout
Serveer met: 200 gr basmatirijst
Mix de tandooripasta met de yoghurt, voeg de kipstukjes toe, dek af en laat de kip minstens 4 uren in de koelkast marineren. Verwijder de kipstukjes en laat ze goed uitlekken, en zet de saus aan de kant. Verhit de olie in een pan en bak de kip bruin boven een hoog vuur, samen met het zout en de wijn; voeg, zodra de wijn is verdampt, de marinadesaus toe, zet het vuur lager en laat het op een matig vuurtje koken voor ongeveer 20 minuten. Voeg, indien nodig, wat hete bouillon toe. Opdienen op een bedje van basmatirijst gekookt in gezout water.

Caprese salad in a glass

Caprese dans le verre. *Caprese-salade in een glas*

Difficulty

Time: 25 minutes

500 g ripe tomatoes, 300 g buffalo mozzarella, 200 ml cream, extra virgin olive oil, salt
To garnish: 4 basil leaves, 4 baby mozzarellas, 8 cherry tomatoes
Wash the tomatoes, blanch them briefly in boiling salted water and remove the skins and seeds. Dice and season with a little oil and salt. Blend the mozzarella and cream with a pinch of salt, to create a creamy mousse. Take 4 flute glasses and place a layer of tomato, then one of mousse, finishing with another layer of tomato. Finish off with a drizzle of oil and garnish with a kebab with a baby mozzarella, a basil leaf and a cherry tomatos. Serve immediately.

500 g de tomates mûres, 300 g de mozzarella de buffle, 200 ml de crème fraîche, de l'huile d'olive extra-vierge, du sel
Pour décorer : 4 feuilles de basilic, 4 petites mozzarella, 8 petites tomates cerises
Lavez les tomates, passez-les brièvement dans l'eau bouillante salée, privez-les de la peau et des grains, coupez-les en cubes et assaisonnez-les avec un peu d'huile et de sel. Passez au mixer la mozzarella avec la crème fraîche et une pincée de sel, jusqu'à obtenir une belle mousse. Dans 4 flûtes déposez une première couche de tomate, continuez avec une seconde de mousse de mozzarella et terminez avec une nouvelle couche de tomate. Sur le tout un fil d'huile et décorez avec une brochette confectionnée avec une petite mozzarella, une feuille de basilic et de petites tomates. Servez aussitôt.

500 gr rijpe tomaten, 300 gr buffelmozzarella, 200 ml room, extravergine olijfolie, zout
Voor de garnering: 4 blaadjes basilicum, 4 baby-mozzarella's, 8 kerstomaatjes
Was de tomaten, blancheer ze kort in kokend gezout water en verwijder vel en zaden. Hak de tomaat in blokjes en breng op smaak met een beetje olie en zout. Meng de mozzarella en de room met een snufje zout om zo een smeuïge mousse te maken. Neem 4 champagneflûtes en leg daarin een laagje tomaat, vervolgens een laagje mousse, en tot slot nog een laagje tomaat. Maak af door er wat olijfolie overheen te sprenkelen en garneer met een spiesje met daaraan een baby-mozzarella, een basilicumblaadje en kerstomaatjes. Meteen opdienen.

Bloody Mary mousse

Bloody Mary en mousse. *Bloody Mary-mousse*

Difficulty Time: 30 minutes

600 ml tomato juice, 300 ml vodka, 100 ml lemon juice, 2 egg whites, 1 sheet of gelatine, 2 drops Worcester sauce, 4 drops Tabasco, 4 celery sticks, salt, pepper
Season the tomato juice with the Worcester sauce, Tabasco, salt and pepper, pour into 4 tall glasses and leave in the freezer for around half an hour. In the meantime soak the gelatine in cold water, then heat the lemon juice with 50 ml vodka and dissolve the gelatine into the mixture. Add the remaining vodka and leave to cool. Beat the egg whites then fold them gently into the vodka and lemon mixture to create a mousse. Take the glasses out of the fridge, top them with the mousse and decorate each glass with a stick of celery.

600 ml de jus de tomate, 300 ml de vodka, 100 ml de jus de citron, 2 blancs d'œuf, 1 feuille de gélatine, 2 gouttes de sauce Worcester, 4 gouttes de Tabasco, 4 branches de céleri, du sel, du poivre
Assaisonnez le jus de tomate avec la sauce Worcester, le Tabasco, le sel et le poivre, versez-le dans quatre grands verres et passez-les au congélateur pendant environ une demi-heure. Entre temps faites tremper la gélatine dans l'eau froide, réchauffez le jus de citron avec 50 ml de Vodka, faites y fondre la gélatine pressée, ajoutez la Vodka restante et laissez refroidir. Montez les jaunes d'œufs et unissez-les délicatement au mélange de Vodka et citron, de façon à obtenir une mousse. Enlevez les verres du congélateur, complétez-les avec la mousse et décorez chaque verre avec une branche de céleri.

600 ml tomatensap, 300 ml wodka, 100 ml citroensap, 2 eiwitten, 1 velletje gelatine, 2 druppels Worcestersaus, 4 druppels Tabascosaus, 4 stengels bleekselderij, zout, peper
Breng het tomatensap op smaak met de Worcestersaus, de Tabascosaus, zout en peper, schenk het in 4 hoge glazen en zet deze in de vriezer voor ongeveer een half uur. Laat ondertussen de gelatine weken in koud water, verwarm het citroensap met 50 ml wodka en los hierin de gelatine op. Voeg de resterende wodka toe en laat afkoelen. Klop de eiwitten en spatel deze voorzichtig door het wodka-citroen-mengsel om zo een mousse te maken. Neem de glazen uit de vriezer, vul ze op met de mousse en decoreer elk glas met een stengel bleekselderij.

Gazpacho

Gazpacho. *Gazpacho*

Difficulty

Time: 20 minutes

1 red onion, 1 pepper, 1/2 cucumber, 1 clove garlic, 600 g tomatoes, 50 g bread soaked in water then squeezed out, 50 ml extra virgin olive oil, 50 ml white vinegar, 1 teaspoon paprika, salt and pepper
For serving: croutons, strips of tomato, pepper and cucumber, hard boiled egg
Blend all the ingredients until smooth, pass through a fine sieve and if too thick, dilute with a little water then blend again. Leave in the fridge for at least 3 hours. Serve chilled with a drizzle of olive oil and accompanied with a bowl containing the croutons, vegetable pieces and hard boiled eggs for each person to garnish their own gazpacho.

1 oignon rouge, 1 poivron, 1/2 concombre, 1 gousse d'ail, 600 g de tomates, 50 g de pain trempé dans l'eau et pressé, 50 ml d'huile d'olive extra-vierge, 50 ml de vinaigre blanc, 1 petite cuillère de paprika, du sel, du poivre
Pour accompagner : des croûtons de pain, des filets de tomate, poivron et concombre, des œufs durs
Passez au mixer tous les ingrédients afin d'obtenir un mélange homogène, passez-le avec une passoire fine et, s'il résultera trop dense, diluez-le avec un peu d'eau puis mixez une seconde fois. Faites reposer dans le réfrigérateur pendant au moins 3 heures. Servez-le très froid, assaisonné avec un filet d'huile cru et accompagné de petits bols contenant les croûtons, les filets de légumes et les œufs durs avec lesquels chacun garnira à son goût le gazpacho.

1 rode ui, 1 peper, 1/2 komkommer, 1 knoflookteentje, 600 gr tomaten, 50 gr in water geweekt en vervolgens uitgeperst brood, 50 ml extravergine olijfolie, 50 ml witte azijn, 1 theelepel paprika, zout en peper
Voor het opdienen: croutons, reepjes tomaat, paprika en komkommer, hardgekookt ei
Mix alle ingrediënten in een blender tot een glad mengsel, pers het door een fijne zeef; indien het te dik is, aanlengen met een beetje water en nog eens in de blender. Laat het daarna minstens 3 uren in de koelkast afkoelen. Dien op besprenkeld met wat olijfolie met daarbij in een kom de croutons, de stukjes groenten en de hardgekookte eieren zodat iedereen zelf zijn gazpacho kan garneren.

Pomegranate cocktail

Apéritif à la grenade. *Granaatappelcocktail*

Difficulty ●○○○ Time: 15 minutes

200 ml pomegranate juice, 200 ml blood orange juice, 200 ml pineapple juice, 500 ml soda water, 100 g pineapple chunks, 50 ml lime juice, 50 g smoked salmon slices, Tabasco, 100 g pomegranate seeds
Mix the fruit juices in a jug and chill in the fridge for at least an hour. Season the lime juice with a few drops of Tabasco and pour over the pineapple chunks. To serve, half-fill the glasses with the juice; top up with soda water, and decorate with the pomegranate seeds and skewers prepared with drained pineapple chunks and slices of salmon.

200 ml de jus de grenade, 200 ml de jus d'orange rouge, 200 ml de jus d'ananas, 500 ml de soda, 100 g d'ananas en cubes, 50 ml de jus de citron vert, 50 g de saumon fumé en tranches, 100 g de grains de grenade
Dans une carafe mélangez les jus de fruits et faites refroidir dans le réfrigérateur pendant au moins une heure. Assaisonnez avec le jus de citron vert et quelques gouttes de Tabasco et versez le tout sur les cubes d'ananas. Au moment de servir, versez le jus dans les verres en les remplissant de moitié ; complétez avec le soda et décorez avec les grains de grenade et des brochettes préparées avec des cubes d'ananas égouttés et des tranches de saumon fumé.

200 ml granaatappelsap, 200 ml bloedsinaasappelsap, 200 ml ananassap, 500 ml sodawater, 100 gr ananasstukjes, 50 ml limoensap, 50 gr sneetjes gerookte zalm, Tabasco, 100 gr granaatappelzaden
Mix de fruitsappen in een kan en laat minstens een uur afkoelen in de koelkast. Breng het limoensap op smaak met enkele druppels Tabascosaus en schenk het over de ananasstukjes. Om te serveren de glazen half vullen met het sap, opvullen met sodawater en versieren met granaatappelzaden en spiesjes met uitgelekte stukjes ananas en zalm.

Pepper terrine

Terrine de poivrons. *Paprika-terrine*

Difficulty

Time: 35 minutes

3 red peppers, roasted and peeled, 200 g fresh goats cheese, 30 g anchovy fillets, 30 g capers, 30 g pine nuts, 30 g grated Parmesan cheese, extra virgin olive oil, salt, pepper
Blend the capers with the pine nuts, grated cheese and enough oil to create a smooth but fairly thick *pesto*. Line a cake tin with clingfilm and then a layer of pepper strips. Season with a thin layer of *pesto*, then put a layer of the softened goats cheese, the anchovy fillets, another layer of peppers and another layer of goats cheese, finishing off with peppers. Press gently and leave in the fridge for around 12 hours. Slice the terrine to serve, accompanied with the remaining *pesto*.

3 poivrons rouges cuits au four et épluchés, 200 g de fromage de chèvre frais, 30 g de filets d'anchois, 30 g de câpres, 30 g de fromage parmesan râpé, de l'huile d'olive extra-vierge, du sel, du poivre
Passez au mixer les câpres avec les pignons, le fromage râpé et l'huile nécessaire pour obtenir un broyé lisse et consistant. Tapissez un moule à plum cake recouvert d'un film alimentaire avec des lames de poivron, assaisonnez avec une légère couche de broyé, une autre couche de fromage de chèvre assoupli, les filets d'anchois, puis une nouvelle couche de poivron, une deuxième couche de fromage de chèvre et complétez par les poivrons. Pressez doucement et mettez à refroidir au réfrigérateur pendant environ 12 heures. Servez la terrine en tranches, accompagnée du broyé restant.

3 rode paprika's, geroosterd en ontveld, 200 gr verse geitenkaas, 30 gr ansjovisfilets, 30 gr kappertjes, 30 gr pijnboompitten, 30 gr geraspte Parmezaanse kaas, extravergine olijfolie, zout, peper
Doe de kappertjes, pijnboompitten en de geraspte kaas in een blender met net genoeg olie om een gladde maar redelijk dikke pesto *te maken. Bedek een cake-blik met plasticfolie en leg daarop een laagje paprikareepjes. Bedek deze met een dun laagje* pesto *en vervolgens een laag geitenkaas, de ansjovisfilets, nog een laag paprika gevolgd door een tweede laag geitenkaas, en tot slot weer paprika's. Voorzichtig aandrukken en ongeveer 12 uren in de koelkast laten staan. Snijd de terrine in plakjes om op te dienen, in combinatie met de overgebleven* pesto.

Mediterranean tartare

Tartare méditerranéen. *Mediterane Tartaar*

Difficulty Time: 15 minutes

600 g filet steak, 75 g black olives, 30 g pine nuts, 40 basil leaves, 1 clove garlic, the juice of 1 lemon, extra virgin olive oil, salt, pepper
Finely dice the meat or mince it by hand, and put it into a bowl with the pine nuts, ripped basil leaves, chopped olives and crushed garlic, and season with the salt, freshly ground pepper, oil and lemon juice. Mix all the ingredients together carefully and leave in the fridge for around 15 minutes. To serve, use a round pastry cutter to form a disc of meat at the centre of each plate. Decorate with basil leaves, pine nuts and black olives, and finish with a drizzle of oil.

600 g de filet de bœuf, 75 g d'olives noires, 30 g de pignons, 40 feuilles de basilic, 1 gousse d'ail, le jus d'un citron, de l'huile d'olive extra-vierge, du sel, du poivre
Coupez en petits cubes la viande et hachez-la au couteau ; mettez-la dans un saladier, ajoutez les pignons, les feuilles de basilic coupées en morceaux avec les mains, les olives coupées en cubes, l'ail pressé et assaisonnez avec du sel, du poivre moulu au moment, de l'huile et du jus de citron. Mélangez le tout soigneusement et laissez reposer au réfrigérateur pendant environ 15 minutes. Au moment de servir, à l'aide d'une bague pour couper la pâte, formez des disques de viande au centre de chaque assiette. Décorez avec des feuilles de basilic, des pignons, des olives noires et complétez avec un filet d'huile.

600 gr biefstuk, 75 gr zwarte olijven, 30 gr pijnboompitten, 40 blaadjes basilicum, 1 teentje knoflook, het sap van 1 citroen, extravergine olijfolie, zout, peper
Snijd het vlees in fijne blokjes of draai het met de hand door de gehaktmolen, en meng het in een kom met de pijnboompitten, de in stukjes gescheurde basilicum, gehakte olijven en geplette knoflook, en breng dit alles op smaak met zout, versgemalen peper, olie en citroensap. Meng alle ingrediënten zorgvuldig en zet het in de koelkast voor ongeveer 15 minuten. Gebruik een rond uitsteekvormpje om een schijf tartaar in het midden van elk bord te plaatsen. Decoreer met basilicum, pijnboompitten en zwarte olijven en besprenkel alles tot slot met wat olijfolie.

Pasta bows with sun-dried tomatoes

Farfalle à la crème de tomates séchées. *Farfalle met zongedroogde tomaten*

Difficulty

Time: 30 minutes

400 g pasta bows, 200 g sun dried tomatoes, 250 g olives, 15 g capers, 60 g salted *ricotta*, extra virgin olive oil
Chop the tomatoes into small pieces and blend half of them with a little oil, creating a creamy mixture. Cook the pasta in boiling salted water, making sure it is properly *al dente*. In the meantime heat a little oil in a pan, add the chopped tomatoes, capers, olives and the sauce prepared previously, and dilute with a ladleful of the cooking water from the pasta. Drain the pasta and toss it in the sauce. Remove from the heat, top with pieces of *ricotta* and serve.

400 g de pâtes *farfalle* (papillons), 200 g de tomates séchées, 250 g d'olives, 15 g de câpres, 60 g de fromage *ricotta* salé, de l'huile d'olive extra-vierge
Coupez les tomates en petits morceaux et passez en la moitié au mixer avec un peu d'huile, pour obtenir une crème. Faites cuire les pâtes dans l'eau bouillante salée, cuisson *al dente* pas trop cuites. Entre temps, dans une poêle, chauffez un peu d'huile, ajoutez les tomates en morceaux, les câpres, les olives, la crème préparée précédemment et diluez avec une louche d'eau de cuisson des pâtes. Egouttez les *farfalle* et passez-les à la poêle, en leur donnant de la saveur. Enlevez du feu, complétez avec la *ricotta* en copeaux et servez.

400 gr* farfalle*, 200 gr zongedroogde tomaten, 250 gr olijven, 15 gr kappertjes, 60 gr gezouten* ricotta*, extravergine olijfolie
Hak de tomaten in kleine stukjes en mix de helft met een beetje olie tot een romig mengsel. Kook de pasta in gezout water, en let erop dat deze al dente *is. Verhit intussen een beetje olie in een pan, voeg de gehakte tomaat, de kappertjes, de olijven en de eerder bereide saus toe, en leng aan met een soeplepel kookwater van de pasta. Giet de pasta af en meng hem door de saus. Haal van hem vuur, bestrooi met stukjes* ricotta *en serveer.*

Couscous caskets

Ecrins de couscous. *Gevulde tomaten met couscous*

Difficulty Time: 40 minutes

125 g cooked couscous, 4 perino tomatoes, 2 lemons, mint, parsley, salt, pepper
For the oil: 100 ml extra virgin olive oil, 6 sage leaves, 1 clove garlic, 1 spoon fennel seeds, 1 sprig rosemary
Cook the couscous and leave it to cool. Wash the tomatoes and cut a lengthwise slice from each one. Scoop out the juice and seeds, salt the tomatoes and turn them over to drain. Chop the tomato slices and sieve the juice and seeds. Add the tomato to the couscous, together with the lemon juice, chopped mint and parsley. Season the couscous mixture with the salt and pepper and use it to fill the tomato shells. Heat the oil with the herbs over a very low heat, then leave it to cool. Serve the tomatoes with the flavoured oil on the side.

125 g de couscous précuit, 4 tomates perini, 2 citrons, de la menthe, du persil, du sel, du poivre
Pour l'huile : 100 ml d'huile d'olive extra-vierge, 6 feuilles de sauge, 1 gousse d'ail, 1 cuillère de grains de fenouil, 1 brin de romarin
Préparez le couscous et laissez-le refroidir. Lavez les tomates et coupez-en une tranche dans le sens de la longueur ; videz-les, salez-les et laissez-les reposer retournées. Coupez les tranches de tomate en dés et passez au tamis la pulpe enlevée ; ajoutez-les au couscous avec le jus des citrons, de la menthe et du persil hachés, salez, poivrez et distribuez le mélange dans les tomates. Chauffez l'huile avec les arômes à feu très doux. Faites-le refroidir. Servez les tomates avec l'huile parfumée à part.

125 gr gekookte couscous, 4 perino-tomaten, 2 citroenen, munt, peterselie, zout, peper.
Voor de olie: 100 ml extravergine olijfolie, 6 blaadjes salie, 1 teentje knoflook, 1 lepel venkelzaadjes, 1 takje rozemarijn
Kook de couscous en laat afkoelen. Was de tomaten en snijd uit elke tomaat over de lengte een plak uit het midden. Hol de tomaat uit door sap en zaden te verwijderen, strooi er zout overheen en laat ze ondersteboven uitlekken. Snijd de plakken tomaat in blokjes en zeef het sap van de tomaat. Voeg de tomaatblokjes en het sap toe aan de couscous, samen met het citroensap, de gehakte munt en de peterselie. Breng het couscousmengsel op smaak met zout en peper en vul hiermee de uitgeholde tomaten. Verhit de olie met de kruiden op een laag pitje, en laat afkoelen. Serveer de gevulde tomaten met apart daarbij de kruidenolie.

Semolina gnocchi with tomato sauce

Gnocchis de semoule en rouge. *Semolina-gnocchi met tomatensaus*

Difficulty

Time: 65 minutes

1 l milk, 250 g semolina, 100 g grated Parmesan cheese, 3 egg yolks, 100 ml fresh cream, 500 ml tomato puree, 60 g butter, nutmeg, salt, pepper
Bring the milk to the boil with a pinch of salt, a grating of nutmeg and 50 g butter. Remove from the heat and slowly pour in the semolina, whisking continuously, then return to the heat and cook for around 15 minutes, continuing to mix. When almost cooked, add the cream and 50 g cheese. Leave to cool slightly then add the egg yolks, mixing them in carefully. Heat the tomato puree, season with salt and pepper and spread on the bottom of an oven dish. Use two spoons to form quenelles with the semolina mixture, and place these on top of the sauce. Finish off with the rest of the cheese and a few knobs of butter. Brown in a hot oven and serve.

1 l de lait, 250 g de semoule, 100 g de fromage parmesan râpé, 3 jaunes d'œufs, 100 ml de crème fraîche, 500 ml de purée de tomate, 60 g de beurre, de la noix de muscade, du sel, du poivre
Faites bouillir le lait avec une pincée de sel, un peu de noix de muscade et 50 g de beurre ; enlevez du feu et unissez la semoule en pluie en mélangeant avec un fouet, reportez sur le feu et faites cuire toujours en mélangeant pendant 15 minutes. Quand la cuisson sera presque terminée, ajoutez la crème fraîche et 50 g de fromage. Laissez refroidir un peu et ajoutez les jaunes d'œufs en mélangeant soigneusement. Faites chauffer avec le fromage et quelques noix de beurre. Faites gratiner à four chaud et servez.

1 l melk, 250 gr semolina, 100 gr geraspte Parmezaanse kaas, 3 eierdooiers, 100 ml verse room, 500 ml tomatenpuree, 60 gr boter, nootmuskaat, zout, peper
Breng de melk met een snufje zout, wat geraspte nootmuskaat en 50 gr boter aan de kook. Haal van het vuur en strooi onder goed roeren met een garde langzaam de semolina erdoor, zet de pan weer op het vuur en laat ongeveer 15 minuten koken, ondertussen voortdurend roerend. Voeg, wanneer het koken bijna gedaan is, de room en 50 gr kaas toe. Laat enigszins afkoelen en voeg daarna voorzichtig roerend de eierdooiers toe. Warm de tomatenpuree op, breng deze op smaak met zout en peper en spreid hem uit over de bodem van een ovenschotel. Gebruik twee lepels om knoedels te maken van het semolinamengsel, en plaats deze op de saus. Maak af met de resterende kaas en enkele klontjes boter. Laat bruin worden in een oven en dien op.

Strawberry risotto

Risotto de mai. *Aardbeienrisotto*

Difficulty  Time: 35 minutes

350 g rice, 350 g strawberries, 300 ml dry white wine, 1 shallot, 50 g butter, 1 l vegetable stock, 150 ml cream, 50 g grated Parmesan cheese, 50 g untreated rose petals, salt, pepper
Clean the strawberries and cut into fairly large pieces, then pour over the wine and leave to marinade for a night in the fridge. In a pan lightly fry the shallot with half of the butter, add the rice and toast it. Drain the strawberries and add the wine to the rice, then cook the risotto, gradually adding in the necessary stock. When almost cooked, add the strawberries, mixing gently, and season with salt and pepper. Mix in the cream and the cheese, and garnish with the rose petals to serve.

350 g de riz, 350 g de fraises, 300 ml de vin blanc sec, 1 échalote, 50 g de beurre, 1 l de bouillon végétal, 150 ml de crème fraîche, 50 g de fromage parmesan râpé, 50 g de pétales de rose non traités avec des substances chimiques, du sel, du poivre
Nettoyez et coupez les fraises en morceaux plutôt grands, mouillez-les avec le vin et faites-les macérer une nuit entière dans le réfrigérateur. Dans une casserole faites rissoler l'échalote avec la moitié de beurre, ajoutez le riz et faites-le toaster. Egouttez les fraises et avec le vin diluez le riz, faites cuire avec le bouillon nécessaire. Quand la cuisson sera presque terminée ajoutez les fraises, en mélangeant délicatement, et réglez de sel et de poivre. Travaillez la crème fraîche et le fromage et servez en décorant le plat avec les pétales de rose.

350 gr rijst, 350 gr aardbeien, 300 ml droge witte wijn, 1 sjalot, 50 gr boter, 1 l groentebouillon, 150 ml kookroom, 50 gr geraspte Parmezaanse kaas, 50 gr onbespoten rozenblaadjes, zout, peper
Maak de aardbeien schoon en snijd ze in redelijk grote stukken, schenk de wijn erover en laat ze een nacht marineren in de koelkast. Fruit het sjalotje in een pan met de helft van de boter, voeg de rijst toe en bak deze mee. Laat de aardbeien uitlekken en blus de rijst af met de wijn; breng aan de kook en voeg net zoveel bouillon toe als nodig is. Voeg, wanneer de risotto bijna gaar is, voorzichtig roerend de aardbeien toe, en breng op smaak met zout en peper. Meng de room en de kaas erdoor en decoreer de risotto voor het opdienen met de rozenblaadjes.

Beetroot boats

Betterave en barquette. *Rode bieten-schuitjes*

Difficulty

Time: 30 minutes

250 g shortcrust pastry, 250 g cream cheese, 50 ml fresh cream, 1 precooked beetroot, the juice of 1 lemon, chives, nutmeg, flour, butter, extra virgin olive oil, salt, pepper
Grease and flour 8 oblong pastry tins and line them with the shortcrust pastry. Prick the pastry with a fork and bake in a preheated oven at 180 °C for around 10 minutes. Mix the cream cheese, cream and a grating of nutmeg in a bowl then season with salt and pepper. Thinly slice the beetroot and season the slices with a little oil, a spoonful of lemon juice, a pinch of salt and some chopped chives. Fill the pastry cases with the cheese filling, top with the beetroot and serve.

250 g de pâte brisée, 250 g de fromage frais à tartiner, 50 ml de crème fraîche, 1 betterave rouge précuite, le jus d'un citron, de la ciboulette, de la noix de muscade, de la farine, du beurre, de l'huile d'olive extra-vierge, du sel, du poivre
Tapissez avec le pâte brisée 8 moules pour tartelette de forme allongée, précédemment beurrés et enfarinés. Trouez la pâte avec une fourchette et cuisez au four préchauffé à 180° C pendant environ 10 minutes. Travaillez dans une terrine le fromage avec la crème fraîche et saupoudrez de noix de muscade, puis réglez de sel et de poivre. Coupez finement la betterave, assaisonnez les tranches avec un fil d'huile, une cuillère de jus de citron, une pincée de sel et de la ciboulette ciselée. Mettez la farce dans les tartelettes avec la crème de fromage, complétez avec les petites tranches de betterave et servez.

250 gr kruimeldeeg, 250 gr verse roomkaas, 50 ml verse room, 1 voorgekookte rode biet, het sap van 1 citroen, bieslook, nootmuskaat, bloem, boter, olijfolie, zout, peper
Vet 8 langwerpige bakblikjes in en bedek ze met het deeg. Prik gaatjes in het deeg met een vork en bak de schuitjes in een voorverwarmde oven op 180° C voor ongeveer 10 minuten. Meng de roomkaas, de room en wat geraspte nootmuskaat in een kom en voeg zout en peper toe. Snijd de biet in dunne plakjes en breng op smaak met wat olijfolie, een lepeltje citroensap, een snufje zout en wat gehakte bieslook. Vul de deegvormpjes met de kaasvulling, bedek met bietenplakjes en dien op.

Goulash

Goulasch. *Goulash*

Difficulty Time: 85 minutes

400 g beef pieces, 100 g onions, 40 g butter, 100 g tinned tomatoes, 150 ml red wine, 400 g potatoes, 1 green pepper, 8 g paprika, 1 spoon powdered cumin, 500 ml vegetable stock, 1 clove garlic, extra virgin olive oil, salt, pepper
Chop the onion and fry over a very gentle heat till golden with a little oil, the butter and the garlic. Add the meat and brown it, then pour in the wine, season and add the spices. Turn down the heat and add the warm stock, making sure that the liquid covers the meat. Peel the potatoes, remove the seeds from the pepper and dice both vegetables. Add the vegetables and tomatoes to the meat around 40 minutes before the meat is cooked, adding extra stock if necessary.

400 g de bœuf en morceaux, 100 g d'oignons, 40 g de beurre, 100 g de tomates pelées, 150 ml de vin rouge, 400 g de pommes de terre, 1 poivron vert, 8 g de paprika, 1 cuillère de cumin en poudre, 500 ml de bouillon végétal, 1 gousse d'ail, de l'huile d'olive extra-vierge, du sel, du poivre
Emincez les oignons et faites-les blondir à feu très doux dans une casserole avec un filet d'huile, le beurre et la gousse d'ail. Ajoutez la viande et faites-la revenir ; laissez évaporer le vin, salez, parfumez avec les épices, baissez la flamme et ajoutez du bouillon chaud, de façon à ce que la sauce enveloppe toujours bien la viande. Epluchez les pommes de terre, épépinez le poivron et coupez-les en cubes. Ajoutez à la viande les légumes et les tomates, environ 40 minutes avant la fin de la cuisson, ajoutez si nécessaire, un peu de bouillon.

400 gr stukjes rundvlees, 100 gr uien, 40 gr boter, 100 gr tomaten in blik, 150 ml rode wijn, 400 gr aardappelen, 1 groene paprika, 8 gr paprikapoeder, 1 lepel komijnpoeder, 500 ml groentebouillon, 1 teentje knoflook, extravergine olijfolie, zout, peper
Snipper de ui en bak met een beetje olie, boter en de knoflook boven een zacht vuurtje goudbruin. Voeg het vlees toe en braad het, schenk dan de wijn erbij, voeg zout en peper en de kruiden toe. Zet het vuur lager en voeg de warme bouillon toe, erop lettend dat het vocht het vlees geheel bedekt. Schil de aardappels, verwijder de zaden uit de paprika en snijd de groenten in blokjes. Voeg de groenten en de tomaten toe aan het vlees, ongeveer 40 minuten voordat het vlees gaar is, en voeg eventueel extra bouillon toe.

Octopus in tomato sauce

Poulpe en sauce. *Inktvis in tomatensaus*

Difficulty

Time: 55 minutes

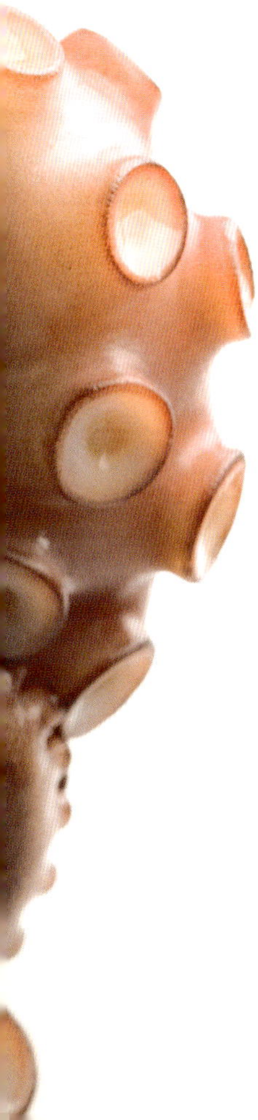

1 octopus weighing around 500 g, 250 g tinned tomatoes, 150 ml white wine, 1 clove garlic, 1 chilli pepper, parsley, extra virgin olive oil, pepper
Wash the octopus and brown it in a terracotta dish to eliminate the liquid. Then add the wine and reduce, and add the tomatoes, some oil, the clove of garlic, the chilli pepper and the pepper. Do not add salt, as octopus releases salt water during cooking. Cover the pan with greaseproof paper or foil, with the lid on top, and cook over a low heat for around 30 minutes. Remove the lid and reduce the sauce until it is thick, dark and glossy. Add abundant chopped parsley and serve piping hot.

1 poulpe d'environ 500 g, 250 g de tomates pelées, 150 ml de vin blanc, 1 gousse d'ail, 1 piment, du persil, de l'huile d'olive extra-vierge, du poivre
Lavez le poulpe et faites-le rissoler jusqu'à ce qu'il perde toute son eau dans une marmite en terre cuite, diluez avec le vin et faites évaporer ; ajoutez les tomates, de l'huile, la gousse d'ail, le piment et du poivre, évitant de saler car le poulpe durant la cuisson répand de l'eau salée. Mettez sur la marmite du papier sulfurisé ou du papier aluminium pour bien fermer avec un couvercle et complétez la cuisson à feu lent pendant environ 30 minutes. Découvrez et faites consommer la sauce jusqu'à ce qu'elle devienne dense, foncée et brillante. Ajoutez abondamment du persil haché et servez bien chaud.

1 inktvis van ongeveer 500 gr, 250 gr tomaten in blik, 150 ml witte wijn, 1 teentje knoflook, 1 chilipepertje, peterselie, extravergine olijfolie, peper
Was de inktvis en laat hem bruinen in een terracotta pan om het vocht te laten verdampen. Voeg dan de wijn toe en laat deze verdampen, en doe dan de tomaten, het teentje knoflook, wat olie, het chilipepertje en de peper erbij. Geen zout, want tijdens het koken komt er zout water vrij uit de inktvis. Bedek de pan met vetvrij papier of folie, met daarop het deksel, en kook op een laag pitje voor ongeveer 30 minuten. Haal het deksel van de pan en laat de saus inkoken tot deze dik, donker en glanzend is. Voeg tot slot ruimschoots peterselie toe en serveer kokend heet.

Radicchio and red currant salad

Salade de Trévise et groseilles. *Salade van radicchio en rode bessen*

Difficulty ● ○ ○ ○ Time: 15 minutes

1 head of radicchio lettuce, 1 head of endive, 100 g red currants, 1 avocado, 1 spoon fennel seeds, 4 spoons lemon juice, extra virgin olive oil, salt, pepper
Wash the salad leaves then break the endive with your hands and cut the radicchio into strips. Dice the avocado and mix it with the salads, red currants and fennel seeds in a salad bowl. Blend the oil with the lemon juice, season with salt and pepper and dress the salad with this lemon dressing.

1 tête de salade de Trévise, 1 endive, 100 g de groseilles, 1 avocat, 1 cuillère de grains de fenouil, 4 cuillères de jus de citron, de l'huile extra-vierge d'olive, du sel, du poivre
Lavez les salades, coupez en morceaux l'endive avec les mains et en lamelles la salade de Trévise. Réduisez la pulpe de l'avocat en cubes. Dans un saladier mélangez les salades, l'avocat, les groseilles dégrainées et les grains de fenouil. Diluez l'huile avec le jus de citron, réglez de sel et de poivre et assaisonnez la salade avec cette citronette.

1 krop radicchio-sla, 1 krop andijvie, 100 gr rode bessen, 1 avocado, 1 theelepel venkelzaadjes, 4 eetlepels citroensap, extravergine olijfolie, zout, peper
Was de slablaadjes, scheur de andijvie met de hand in stukjes en snijd de radicchio in reepjes. Snijd de avocado in blokjes en meng deze samen met de rode bessen en de venkelzaadjes door de sla in een slakom. Mix de olie met het citroensap, breng op smaak met zout en peper en maak de salade op met deze citroendressing.

Tuna tagliata with caper sauce

Tagliata de thon à la sauce aux câpres. Tonijntagliata met kappertjessaus

Difficulty

Time: 30 minutes

400 g tuna steak, 100 g fresh tomato, diced, 150 g aubergine, 150 g peppers, 30 g pine nuts, 20 g rinsed capers, the zest of 1 lemon, 60 ml extra virgin olive oil, salt, pepper
Dice the aubergine and peppers and fry lightly in a pan with a little oil, then remove from the heat, add the fresh tomato and season with salt and pepper. Blend the oil with the capers and pine nuts. Sear the tuna briefly in a non-stick frying pan with a little oil, then cut it into 3 cm slices. Place the vegetable mixture on the plates with the slices of tuna on top. Complete with the sauce and decorate with strips of lemon zest.

400 g de filet de thon, 100 g de tomates fraîches en cubes, 150 g d'aubergine, 150 g de poivrons, 30 g de pignons, 20 g de câpres dessalées, l'écorce d'un citron, 60 ml d'huile d'olive extra-vierge, du sel, du poivre
Coupez l'aubergine et les poivrons en petits cubes, faites-les sauter à la poêle avec un peu d'huile, enlevez du feu, ajoutez la tomate fraîche et réglez de sel et de poivre. Passez au mixer l'huile, les câpres et les pignons. Echaudez brièvement le thon dans une poêle anti-adhérente avec un peu d'huile. Faites des tranches d'environ 3 cm d'épaisseur. Disposez les légumes dans les assiettes, mettez dessus les tranches de thon, complétez avec la sauce et décorez avec l'écorce du citron coupée en filets.

400 gr tonijnbiefstuk, 100 gr verse tomaat in blokjes, 150 gr aubergine, 150 gr paprika, 30 gr pijnboompitten, 20 gr afgespoelde kappertjes, geraspte citroenschil van 1 citroen, 60 ml extravergine olijfolie, zout, peper
Snijd de aubergine en de paprika in blokjes en bak ze licht in een pan met een beetje olie, haal de pan van het vuur, voeg de verse tomaat toe en breng op smaak met zout en peper. Doe de olie met de kappertjes en de pijnboompitten in een blender. Bak de tonijnbiefstuk kort in een anti-aanbakpan met een beetje olie, en snijd hem vervolgens in plakken van 3 cm dikte. Schep het groentemengsel op het bord en schik daarop de plakken tonijn. Afmaken met de saus en garneren met de geraspte citroenschil.

Mexican salad

Salade mexicaine. *Mexicaanse salade*

Difficulty Time: 25 minutes

2 pomegranates, 2 blood oranges, 1 grapefruit, 1 lime, 1/2 avocado, 1 head of radicchio lettuce, 1 red onion, 1 teaspoon demerara sugar, 1 teaspoon mustard, 3 spoons red wine vinegar, extra virgin olive oil, salt, pepper
Deseed the pomegranate and place the seeds in a salad bowl. Slice the peel off the oranges and grapefruit, dice the avocado, thinly slice the onion and add these ingredients to the pomegranate seeds. Prepare the dressing by blending the oil, vinegar, lime juice, sugar, mustard and salt. Line four bowls with the radicchio leaves and toss the salad in the prepared dressing then put it into the bowls and serve.

2 grenades, 2 oranges rouges, 1 pamplemousse, 1 citron vert, 1/2 avocat, 1 tête de salade de Trévise, 1 oignon rouge, 1 petite cuillère de sucre brut de canne, 1 petite cuillère de moutarde, 3 cuillères de vinaigre rouge, de l'huile d'olive extra-vierge, du sel
Dégrainez les grenades et recueillez les grains dans un saladier. Epluchez les oranges et les pamplemousses, réduisez en cubes la pulpe de l'avocat, émincez l'oignon finement et ajoutez le tout à la grenade. Préparez la sauce en diluant l'huile avec le vinaigre, le jus du citron vert, le sucre, la moutarde et le sel. Tapissez quatre coupelles avec les feuilles de salade de Trévise, assaisonnez la salade avec la sauce préparée, distribuez-la dans les coupelles et servez.

2 granaatappels, 2 bloedsinaasappels, 1 grapefruit, 1 limoen, 1/2 avocado, 1 krop radicchio-sla, 1 rode ui, 1 theelepel demerara suiker, 1 theelepel mosterd, 3 eetlepels rode-wijnazijn, extravergine olijfolie, zout, peper
Ontpit de granaatappel en schep de zaadjes in een slakom. Schil de sinaasappels en de grapefruit, snijd de avocado in blokjes, snijd de ui in dunne plakjes en voeg dit alles toe aan de granaatappelzaadjes. Bereid de dressing in een blender met olie, azijn, limoensap, suiker, mosterd en zout. Beleg vier kommetjes met radicchioblaadjes, meng de sla door de eerder bereide dressing, schep in de kommetjes en dien op.

Ham and melon kebabs

Brochettes de jambon et melon. *Ham-meloen spiesjes*

Difficulty

Time: 20 minutes

1 melon, 150 g raw ham, cut into cubes, 100 g fresh thyme, 20 ml lime juice, pink peppercorns, extra virgin olive oil, salt
Remove the seeds from the melon, then chop the flesh into cubes and dress these with the oil, lime juice, peppercorns and thyme. Leave in the fridge to marinade for at least an hour. Drain off the marinade, and push the cubes of melon onto long wooden skewers, alternating with the cubes of ham.

1 melon, 150 g de jambon cru coupé en dés, 100 g de thym frais, 20 ml de jus de lime, baies de poivre rose, huile extra-vierge d'olive, sel
Eliminez les graines du melon, coupez-le en dés et assaisonnez-les avec l'huile, le jus de lime, les baies de poivre et le thym. Faites reposer le tout dans le réfrigérateur pendant au moins une heure. Egouttez les dés de melon de la marinade et enfilez-les sur de longues brochettes en les alternant avec les dés de jambon.

1 meloen, 150 gr rauwe ham in blokjes, 100 gr verse tijm, 20 ml limoensap, roze peperkorrels, extravergine olijfolie, zout
Verwijder de zaden uit de meloen en snijd deze in dobbelsteentjes. Maak de meloenblokjes op met de olie, het limoensap, de peperkorrels en de tijm; laat vervolgens minstens een uur marineren in de koelkast. Haal de dobbelsteentjes uit de marinade, prik ze op lange houten spiesjes, afgewisseld met blokjes ham.

Red bean chilli

Chili de haricots rouges. *Rode bonen chili*

Difficulty ●●●○ Time: 90 minutes

400 g precooked kidney beans, 200 g minced beef, 1 onion, 1 green pepper, 1 clove garlic, 300 ml meat stock, 250 g tomato puree, 1 spoon chilli powder, extra virgin olive oil, salt
Finely chop the onion, garlic and pepper, after removing the seeds and filaments. Lightly fry the vegetables in a little oil, then add the meat, and turn up the heat to brown it. Add the stock, tomato puree and chilli powder mixed with a spoonful of cold water. Cook over a low heat for around an hour, then add the beans, mix well and finish cooking. Taste for salt and serve the chilli piping hot on a bed of boiled rice.

400 g de haricots rouges précuits, 200 g de pulpe de bœuf hachée, 1 oignon, 1 poivron vert, 1 gousse d'ail, 300 ml de bouillon de viande, 250 g de purée de tomate, 1 cuillère de chili en poudre, de l'huile d'olive extra-vierge, du sel
Hachez finement l'oignon, l'ail et le poivron, après l'avoir privé de ses grains et de ses filaments. Dans une poêle faites revenir le hachis dans un peu d'huile, ajoutez la viande et faites la rissoler à feu vif ; mouillez avec le bouillon très chaud, ajoutez la purée de tomate et le chili dilué dans une cuillère d'eau froide. Faites cuire à feu lent pendant environ une heure, ajoutez les haricots, mélangez bien et complétez la cuisson ; réglez de sel et servez le chili bouillant sur un lit de riz bouilli.

400 gr voorgekookte rode bonen, 200 gr rundergehakt, 1 ui, 1 groene paprika, 1 teentje knoflook, 300 ml vleesbouillon, 250 gr tomatenpuree, 1 lepel chilipoeder, extravergine olijfolie, zout
Hak de ui, de knoflook en de paprika fijn, na de zaden en zaadstelen te hebben verwijderd. Fruit de groenten licht in een beetje olie, voeg dan het gehakt toe en draai het vuur hoger om het bruin te bakken. Voeg de bouillon toe, de tomatenpuree en het chilipoeder dat is gemengd met een lepel koud water. Kook op een laag vuur voor ongeveer een uur, voeg de bonen toe, goed mengen en gaarkoken. Even proeven of er genoeg zout in zit en de chili heet opdienen op een bed van gekookte rijst.

Red pepper tart

Tarte aux poivrons. *Rode-paprikataart*

Difficulty

Time: 65 minutes

150 g flour, 70 g butter, 2 spoons chopped olives, 3 roasted peppers, 120 g smoked *provola* cheese, 1 egg, 100 ml milk, 100 ml cream, nutmeg, salt, pepper
Work together the flour, butter, olives and a pinch of salt with enough water to obtain a smooth, stretchy dough. Roll out the dough and use it to line a pie tin, prick with a fork and leave to rest. Place the strips of pepper and the thinly sliced cheese on top of the pastry. In a bowl beat the eggs with the cream and the milk, season with the salt, pepper and nutmeg and pour this mixture over the peppers. Bake in a preheated oven at 180 °C for around 20 minutes.

150 g de farine, 70 g de beurre, 2 cuillères d'olives hachées, 3 poivrons cuits au four, 120 g de fromage *provola* fumée, 1 œuf, 100 ml de lait, 100 ml de crème fraîche, de la noix de muscade, du sel, du poivre
Pétrissez la farine avec le beurre, les olives, une pincée de sel et l'eau nécessaire pour obtenir une pâte lisse et élastique. Etendez la pâte et recouvrez avec cela un plat à tarte, trouez le fond avec une fourchette et laissez reposer. Distribuez dans le moule les lamelles de poivron et la *provola* coupée en petites tranches fines. Dans un bol fouettez les œufs avec la crème fraîche et le lait, réglez de sel, de poivre et de noix de muscade et versez le mélange sur les poivrons. Faites cuire au four préchauffé à 180° C pendant 20 minutes environ.

150 gr bloem, 70 gr boter, 2 lepels gehakte olijven, 3 geroosterde paprika's, 120 gr gerookte provola-kaas, 1 ei, 100 ml melk, 100 ml room, nootmuskaat, zout, peper
Kneed de bloem, de boter, de olijven en een snufje zout samen met voldoende water tot een glad, elastisch deeg. Rol het deeg uit en bekleed er een taartvorm mee, prik erin met een vork en laat het rusten. Leg de reepjes paprika en de in dunne plakjes gesneden kaas bovenop het deeg. Klop in een kom de eieren met de room en de melk, breng op smaak met zout, peper en nootmuskaat, en schenk dit mengsel over de paprika's. Bakken in een voorverwarmde oven voor ongeveer 20 minuten op 180° C.

Iced watermelon

Pastèque gelée. *Watermeloenijs*

Difficulty Time: 35 minutes

1 kg watermelon flesh, 175 g sugar, 60 g cornflour, 50 g chocolate chips, 30 g chopped pistachio nuts, a few drops of vanilla essence, powdered cinnamon
Remove the seeds from the watermelon flesh and blend it, then add the sugar, vanilla essence and cornflour. Place in a saucepan over a low heat and thicken for around 15 minutes, mixing carefully. Leave to cool completely then add the chocolate chips and the pistachio nuts. Pour into a mould and leave in the fridge for at least 6 hours. To serve, turn out onto a plate and dust with cinnamon.

1 kg de pulpe de pastèque, 175 g de sucre, 60 g d'amidon de maïs, 50 g de gouttes de chocolat, 30 g de pistaches broyées, 1 sachet de vanilline, de la cannelle en poudre
Eliminez les graines de la pulpe de la pastèque et passer la au mixer ; incorporez le sucre, la vanilline et l'amidon de maïs. Versez le tout dans une casserole et faites épaissir pendant environ 15 minutes à feu doux en mélangeant avec attention. Laissez refroidir complètement et ajoutez le chocolat et les pistaches. Versez le tout dans un moule et faites reposer au moins 6 heures dans le réfrigérateur. Au moment de servir, démoulez sur un plat de service et saupoudrez avec de la cannelle.

1 kg watermeloenvruchtvlees, 175 gr suiker, 60 gr maïzena, 50 gr chocoladebrokken, 30 gr gehakte pistachenoten, enkele druppels vanille-essence, kaneelpoeder
Verwijder de zaden uit het watermeloenvruchtvlees en mix het met een mixer; voeg vervolgens de suiker, de vanille-essence en de maïzena toe. Schenk het mengel in een sauspan en laat het indikken op een laag pitje voor ongeveer 15 minuten, zorgvuldig roerend. Laat helemaal afkoelen en voeg dan de pistachenoten en de chocolade toe. Schenk alles in een vorm en zet in de koelkast voor minstens 6 uren. Om te serveren, omkeren op een bord en de vorm verwijderen, en met kaneel bestrooien.

Raspberry loaf

Plum cake aux framboises. *Frambozencake*

Difficulty

Time: 75 minutes

200 g flour, 100 g sugar, 70 g butter, 80 g milk, 2 eggs, 50 g almond flour, a few drops of vanilla essence, the grated zest of 1 lemon, 1 teaspoon baking powder, 300 g fresh raspberries, icing sugar, salt
Beat the butter and sugar with the vanilla essence and lemon zest, then add the egg yolks, milk and the flour sieved with the baking powder and salt. Beat the egg whites till firm and fold them gently into the mixture. Grease and flour a cake tin then pour in the mixture. Gently press in the raspberries, making sure they do not sink in too much while the cake is cooking. Bake in a preheated oven at 180 °C for around 40 minutes. Leave to cool and dust with the icing sugar.

200 g de farine, 100 g de sucre, 70 g de beurre, 80 g de lait, 2 œufs, 50 g de farine d'amandes, 1 sachet de vanilline, l'écorce d'un citron râpé, 1/2 sachet de levain, 300 g de framboises fraîches, du sucre glace, du sel
Travaillez le beurre avec le sucre, la vanilline et l'écorce du citron ; ajoutez les jaunes d'œufs, le lait et la farine tamisée avec le levain et le sel. Montez les blancs en neige bien ferme et incorporez-les délicatement au mélange. Beurrez et farinez un moule à cake, versez-y la pâte dans laquelle vous aurez inséré délicatement les framboises, de façon à ce qu'elles ne se noient pas trop pendant la cuisson. Faites cuire à four chaud à 180° C pendant environ 40 minutes. Laissez refroidir et saupoudrez avec le sucre glace.

200 gr meel, 100 gr suiker, 70 gr boter, 80 gr melk, 2 eieren, 50 gr amandelmeel, enkele druppels vanille-essence, geraspte citroenschil van 1 citroen, 1 theelepel bakpoeder, 300 gr verse frambozen, poedersuiker, zout
Mix de boter en de suiker met de vanille-essence en de gerapte citroenschil; voeg dan de eierdooiers, de melk en het gezeefde meel met het bakpoeder en het zout toe. Klop de eiwitten stijf en spatel ze voorzichtig door het mengsel. Vet een bakblik in en bestrooi het met meel, en schenk het beslag erin. Druk de frambozen er voorzichtig in, maar let erop dat ze niet te ver wegzakken tijdens het bakken. Bak de cake in een voorvewarmde oven op 180° C voor ongeveer 40 minuten. Als de cake eenmaal is afgekoeld bestrooien met poedersuiker.

Pears in red wine

Poires au vin rouge. *Peren in rode wijn*

Difficulty

Time: 60 minutes

4 Kaiser pears, 750 ml red wine, 100 g demerara sugar, the zest of 1 lemon, 1 cinnamon stick, 2 cloves, 1 juniper berry, 2 pepper corns, 1 vanilla pod

Peel the pears, without removing the stalks, then place them upright in an oven dish. Pour over half the wine and add the spices and lemon zest. Dust with the sugar then pour over the remaining wine. If this is not enough to cover them, add some water. Place in a preheated oven at 180 °C for around 30 minutes. Remove the pears from the sauce and place on a serving dish, then strain the sauce, reduce it for a few minutes over the heat and pour it over the pears again.

4 poires Kaiser, 750 ml de vin rouge, 100 g de sucre brut de canne, l'écorce d'un citron, 1 bâton de cannelle, 2 clous de girofle, 1 baie de genièvre, 2 baies de poivre, 1 gousse de vanille

Epluchez les poires sans enlever le trognon, disposez-les dans un plat à four de manière à les placer debout, mouillez-les avec la moitié du vin, ajoutez les épices et l'écorce du citron. Saupoudrez avec le sucre et mouillez avec le restant de vin : si cela n'est pas suffisant pour les recouvrir, ajoutez de l'eau. Passez au four préchauffé à 180° C pendant environ 30 minutes. Egouttez les poires de la sauce et disposez-les sur un plat de service, filtrez la sauce, faites-la consommer pendant quelques minutes sur le feu et versez-la de nouveau sur les poires.

4 Kaiser peren, 750 ml rode wijn, 100 gr demerara-suiker, geraspte citroenschil van 1 citroen, 1 kaneelstokje, 2 kruidnagels, 1 jeneverbes, 2 peperkorrels, 1 vanillestokje

Schil de peren, zonder het steeltje te verwijderen, en zet ze rechtop in een ovenschaal. Schenk de helft van de wijn erover en voeg de specerijen en de geraspte citroenschil toe. Bestrooi met de suiker en schenk dan de rest van de wijn erover. Voeg, als dit niet genoeg is om de peren geheel te bedekken, eventueel wat water toe. Plaats de schaal in een voorverwarmde oven op 180° C voor ongeveer 30 minuten. Haal de peren uit de saus en plaats ze op een serveerschotel, zeef de saus en laat deze een paar minuutjes inkoken. Schenk tot slot de saus weer over de peren.

Cranberry and cinnamon tarts

Tartelettes aux myrtilles rouges et cannelle. *Cranberry-kaneeltaartjes*

Difficulty

Time: 55 minutes

150 g flour, 50 g sugar, 75 g butter, 40 g almond flour, 1 egg, 1 teaspoon powdered cinnamon, 600 g cranberry jam, salt
Quickly knead together the sieved flour, cinnamon, sugar, softened butter, the egg and a pinch of salt. Make the dough into a ball, wrap it in cling film and leave it in the fridge for around 30 minutes. Then take it out and roll it out to a thickness of 4-5 mm and use it to line 4-6 tart tins 12 cm in diameter, previously buttered and floured. Prick the dough with a fork, fill the tarts with the jam and cook in a hot oven, at 180°C, for around 20 minutes.

150 g de farine, 50 g de sucre, 75 g de beurre, 40 g de farine d'amandes, 1 œuf, 1 petite cuillère de cannelle en poudre, 600 g de confiture de myrtilles rouges, du sel
Pétrissez rapidement la farine tamisée avec la cannelle, le sucre, le beurre ramolli, l'œuf et la pincée de sel. Formez une boule avec la pâte, enveloppez-la avec un film alimentaire et faites-la reposer au réfrigérateur pendant environ 30 minutes. Reprenez la pâte, étendez-la avec 4-5 millimètres d'épaisseur et utilisez-la pour tapisser 4-6 petits moules à tarte de 12 cm de diamètre, beurrés et farinés. Trouez la pâte avec une fourchette, farcissez les tartes avec la confiture et faites cuire au four chaud à 180° C pendant 20 minutes.

150 gr bloem, 50 gr suiker, 75 gr boter, 40 gr amandelmeel, 1 ei, 1 theelepel kaneelpoeder, 600 gr cranberryjam, zout
Kneed het gezeefde meel, de kaneel, de suiker, de zachte, op kamertemperatuur gebrachte boter, het ei en een snufje zout snel door elkaar. Maak een bal van het deeg, wikkel het in plastic folie en leg het voor ongeveer 30 minuten in de koelkast. Rol het daarna uit tot een dikte van ongeveer 4-5 mm en gebruik het om 4-6 taartblikjes van 12 cm doorsnee te bekleden, die eerder werden ingevet en met bloem bestrooid. Prik gaatjes in het deeg met een vork, vul de taartjes met de jam en bak ze ongeveer 20 minuten op 180° C in een hete oven.

Fruit salad in aspic on a cherry sauce

Salade de fruits en forme sur sauce de cerises. Fruitsalade in aspic met kersensaus

Difficulty Time: 30 minutes

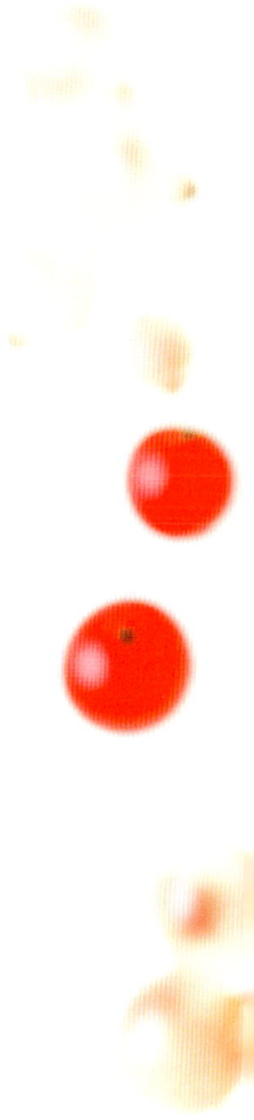

80 g Granny Smith apple, 100 g pear, 150 g pineapple, 1 banana, 300 g honeydew melon, 500 g cherries, 100 g sugar, 2 g gelatine, juice of 1 lemon, a few raspberries, mint leaves
Soak the gelatine, and peel and dice the fruit. Heat 200 ml water with 15 g sugar and dissolve the gelatine into it, then add half the lemon juice and pour this over the fruit. Put the fruit salad into 4 moulds to go into the fridge. Blend the cherries with the remaining sugar and lemon juice. Spread a little cherry sauce on the plate, place the aspic on top and decorate with the raspberries and mint.

80 g de pommes Granny Smith, 100 g de poires, 150 g de pulpe d'ananas, 1 banane, 300 g de melon blanc, 500 g de cerises, 100 g de sucre, 2 g de colle de poisson, le jus d'un citron, quelques framboises, des feuilles de menthe
Faites tremper la colle de poisson, pelez et coupez les fruits en cubes réguliers. Faites chauffer 200 ml d'eau avec 15 g de sucre et faites y fondre la colle de poisson, ajoutez la moitié du jus de citron et avec ce mélange assaisonnez les fruits. Divisez la salade de fruits en quatre petits moules que vous conserverez au réfrigérateur. Passez au mixer les cerises dénoyautées avec le reste de sucre et jus de citron. Recouvrez le fond du plat avec la sauce de cerises, disposez dessus les fruits et décorez avec les framboises et la menthe.

80 gr Granny Smith appels, 100 gr peren, 150 gr ananas, 1 banaan, 300 gr suikermeloen, 500 gr kersen, 100 gr suiker, 2 gr gelatine, sap van 1 citroen, enkele frambozen, muntblaadjes
Week de gelatine, schil het fruit en snijd het in blokjes. Verhit 200 ml water met 15 gr suiker en los hierin de gelatine op, voeg vervolgens de helft van het citroensap toe en schenk dit over het fruit. Schep de fruitsalade in 4 vormpjes en zet deze in de koelkast. Doe de kersen met de rest van de suiker en het citroensap in een blender en spreid wat van deze kersensaus uit op het bord, plaats de aspic erop en decoreer met de frambozen en de munt.

Strawberry clafoutis

Clafoutis aux fraises. *Aardbeienclafoutis*

Difficulty

Time: 65 minutes

500 g strawberries, 250 g flour, 150 g icing sugar, 4 eggs, 500 ml milk, 1 teaspoon baking powder, 1 vanilla pod, grated zest of 1 lemon, butter

Whisk the eggs with the sugar and lemon zest till foamy, and heat the milk with the vanilla pod. Add the flour to the eggs, alternating with the cooled milk, after removing the vanilla pod, to create a smooth but thick consistency. Pour into a greased and floured baking tin and on top of the mixture place the cleaned, hulled, sliced strawberries. Bake in a preheated oven at 180 °C for around 40 minutes. Serve warm, accompanied with whipped cream and fresh strawberries.

500 g de fraises, 250 g de farine, 150 g de sucre glace, 4 œufs, 500 ml de lait, 1 petite cuillère de levain pour gâteaux, 1 gousse de vanille, l'écorce râpée d'un citron, du beurre

Travaillez les œufs avec le sucre et l'écorce du citron jusqu'à obtenir un mélange mousseux ; faites chauffez le lait avec la gousse de vanille. Ajoutez les œufs et la farine, en l'alternant au lait désormais froid et privé de la vanille, de façon à obtenir un mélange lisse mais consistant. Versez-le dans un plat à four beurré et fariné, disposez au-dessus les fraises nettoyées, lavées et coupées en petites tranches et passez au four réchauffé à 180° C pendant environ 40 minutes. Servez tiède, accompagné de crème fouettée et de fraises fraîches.

500 gr aardbeien, 250 gr bloem, 150 gr poedersuiker, 4 eieren, 500 ml melk, 1 theelepel bakpoeder, 1 vanillestokje, geraspte citroenschil van 1 citroen, boter

Klop de eieren schuimig met de suiker en de citroenschil, en verwarm de melk met het vanillestokje. Voeg de bloem toe aan de eieren, afgewisseld met de afgekoelde melk nadat het vanillestokje is verwijderd, totdat het een gladde maar stevige consistentie heeft. Schenk dit in een ingevet en met bloem bestrooid bakblik en dek het mengsel af met gewassen, schoongemaakte en in plakjes gesneden aardbeien. Bak in een voorverwarmde oven op 180° C voor ongeveer 40 minuten. Warm opdienen, met slagroom en verse aardbeien.

Red onion marmalade

Confiture d'oignons rouges. *Jam van rode uien*

Difficulty Time: 80 minutes

1 kg red onions, 80 g demerara sugar, 250 ml dry white wine, 20 ml balsamic vinegar, 4 bay leaves, 30 ml extra virgin olive oil, salt, pepper
Peel the onions and thinly slice them, cook in a pan with the oil for few minutes then cover and cook for at least 15 minutes. Add the sugar, bay leaves and a pinch of salt and pepper, then mix and cook over a low heat for at least 30 minutes, until the onions start to caramelize. At this point add the white wine then the balsamic vinegar, and cook for another 20 minutes. The marmalade can be served on tartines or with meat or mature cheeses.

1 kg d'oignons rouges, 80 g de sucre brut de canne, 250 ml de vin blanc sec, 20 ml de vinaigre balsamique, 4 feuilles de laurier, 30 ml d'huile d'olive extra-vierge, du sel, du poivre
Epluchez les oignons et réduisez-les en petites tranches très fines, faites-les cuire à l'étouffée dans une casserole avec l'huile pendant quelques minutes, couvrez avec le couvercle et laissez cuire pour au moins 15 minutes. Ajoutez le sucre, le laurier, une pincée de sel et une de poivre, mélangez et poursuivez la cuisson avec le couvercle à flamme basse pour au moins 30 minutes, jusqu'à ce que les oignons commenceront à caraméliser. A ce moment là ajoutez d'abord le vin blanc et ensuite le vinaigre balsamique et faites cuire encore pendant 20 minutes. Vous pouvez la servir sur des tartines ou pour accompagner des viandes ou des fromages bien faits.

1 kg rode uien, 80 gr ruwe rietsuiker, 250 ml droge witte wijn, 20 ml balsamico-azijn, 4 laurierblaadjes, 30 ml extravergine olijfolie, zout, peper
Schil de uien en snijd ze in dunne schijfjes, bak ze in een pan met de olie voor een paar minuten, en laat vervolgens met het deksel op de pan minstens 15 minuten koken. Voeg de suiker, de laurier en een snufje zout en peper toe, goed roeren en op een laag pitje laten koken voor een half uur, tot de uien beginnen te karamelliseren. Voeg nu de witte wijn toe en daarna de balsamico, en laat nog eens 20 minuten koken. De jam kan geserveerd worden op tartines of met vlees of belegen kaas.

Icecream spaghetti

Spaghettis à la glace. *Ijs-spaghetti*

Difficulty

Time: 15 minutes

500 g vanilla icecream, 150 g strawberry jam, 100 ml strawberry juice, 50 g finely chopped almonds, mint
Put spoonfuls of icecream into a potato ricer and push it through the holes to create long strands. Place these into 4 pudding bowls, and put them into the freezer until time to serve. Dilute the jam with the strawberry juice, melt over a low heat and then leave to cool. Put this sauce over the icecream spaghetti and garnish each portion with a sprinkle of chopped almonds. Decorate with one or two mint leaves.

500 g de glace au parfum fleur de lait ou vanille, 150 g de confiture de fraises, 100 ml de jus de fruits à la fraise, 50 g d'amandes finement hachées, de la menthe
Mettez la glace à l'aide d'une cuillère dans la moulinette et tournez pour faire sortir de longs vermicelles, que vous laisserez choir dans 4 plats à dessert. Mettez les petits plats ainsi préparés dans le congélateur, laissez-les jusqu'au moment de servir. Délayez la confiture avec le jus de fraise, faites-la fondre à feu très doux et laissez-la refroidir. Distribuez la sauce obtenue sur les spaghettis de glace et complétez chaque portion en saupoudrant de graines d'amandes. Servez avec quelques feuilles de menthe.

500 gr vanille-ijs, 150 gr aardbeienjam, 100 ml aardbeiensap, 50 gr fijngehakte amandelen, munt
Schep lepels ijs in een pureemolen en draai het ijs erdoor om lange slierten te maken. Plaats deze op dessertbordjes en zet de bordjes tot het opdienen in de vriezer. Verdun de jam met het aardbeiensap, laat het boven een laag pitje smelten en vervolgens afkoelen. Schenk de saus over de ijs-spaghetti en garneer elke portie met de gehakte amandelen. Decoreer tot slot met een of twee muntblaadjes.

Yoghurt and raspberry mousse

Mousse de yaourt et framboises. *Yoghurt-frambozenmousse*

Difficulty Time: 30 minutes

150 ml fresh cream, 50 g sugar, 200 ml natural yoghurt, 10 g gelatine sheets, a few drops of vanilla essence, 300 g raspberries, 30 ml lemon juice, 50 g icing sugar
Heat the cream with the sugar and vanilla essence in a pan, then add half of the gelatine previously soaked in water and squeezed out. Mix and leave to cool. Add the yoghurt to the cream, pour the mixture into a mould and put in the freezer for at least 15 minutes. In the meantime blend the raspberries, heat the lemon juice with the icing sugar, add the remaining gelatine and mix together with the raspberry puree. Take the mould out and gently pour in the raspberry mixture. Leave in the fridge for around 6 hours before serving.

150 ml de crème fraîche, 50 g de sucre, 200 ml de yaourt naturel, 10 g de gélatine en feuilles, 1 sachet de vanilline, 300 g de framboises, 30 ml de jus de citron, 50 g de sucre glace
Dans une casserole faites chauffer la crème fraîche avec le sucre et la vanilline, ajoutez la moitié de la gélatine trempée dans l'eau et pressée, mélangez et laissez refroidir. Ajoutez le yaourt à la crème fraîche, versez le mélange dans un moule et passez au congélateur pendant au moins 15 minutes. Entre temps passez au mixer les framboises, faites chauffer le jus de citron avec le sucre glace, ajoutez la gélatine restante et unissez le tout à la purée de framboises. Reprenez le moule et versez-y délicatement le mélange. Faites reposez au réfrigérateur pendant environ 6 heures avant de servir.

150 ml verse room, 50 gr suiker, 200 ml natuuryoghurt, 10 gr velletjes gelatine, een paar druppels vanille-essence, 300 gr frambozen, 30 ml citroensap, 50 gr poedersuiker
Verhit in een pan de room, de suiker en de vanille-essence, en voeg vervolgens de helft van de eerder in water geweekte en uitgeknepen gelatine toe; goed mengen en dan laten afkoelen. Voeg de yoghurt toe aan de room, schenk het mengsel in een vorm en zet het in de vriezer voor 15 minuten. Doe ondertussen de frambozen in de blender, verwarm het citroensap met de poedersuiker, voeg hieraan de resterende gelatine toe en meng het met de frambozenpuree. Haal de vorm uit de vriezer en schenk voorzichtig het frambozenmengsel erin. Voor het opdienen eerst nog ongeveer 6 uren in de koelkast laten rusten.

Toffee apples

Pommes ensorcelées.*Gekaramelliseerde appels*

Difficulty

Time: 35 minutes

4 red apples, 200 g sugar, 100 g runny honey, 1 vanilla pod, 1 cinnamon stick, 3 cloves, a few drops of red food colouring, 4 wooden skewers
Wash and dry the apples carefully, remove the stalks and push them onto the skewers. In a pan bring 150 ml water to the boil with the sugar, honey, spices and food colouring. Simmer gently for at least 8 minutes, removing any scum that forms, until the toffee reaches the desired thickness. Dip the apples in one by one, coating them with a thin, even layer of toffee. Then place them on a sheet of greaseproof paper and leave to cool.

4 pommes rouges, 200 g de sucre, 100 g de miel liquide, 1 gousse de vanille, 1 bâton de cannelle, 3 clous de girofles, 1 ampoule de colorant alimentaire rouge, 4 brochettes en bois
Lavez et essuyez soigneusement les pommes, enlevez le trognon et enfilez-les dans les brochettes. Dans une casserole portez à ébullition 150 ml d'eau avec le sucre, le miel, les épices et le colorant. Faites bouillir à feu bas pendant au moins 8 minutes, en écumant si nécessaire, jusqu'à ce que le caramel ait rejoint la juste densité. Immergez les pommes une par une, en les recouvrant avec une fine couche uniforme de caramel, appuyez les pommes sur une feuille de papier sulfurisé et faites-les refroidir.

4 rode appels, 200 gr suiker, 100 gr dunne honing, 1 vanillestokje, 1 kaneelstokje, 3 kruidnagels, enkele druppels rode kleurstof, 4 houten spiesjes
Was en droog de appels zorgvuldig, verwijder de steeltjes en prik ze op de spiesjes. Breng in een pan 150 ml water aan de kook met de suiker, de honing, de specerijen en de kleurstof. Laat ongeveer 8 minuten zachtjes koken en schep eventueel gevormd schuim eraf, totdat de karamel de gewenste dichtheid heeft. Dompel de appels een voor een onder zodat ze bedekt worden met een dun en gelijkmatig laagje karamel. Laat ze afkoelen op vetvrij papier.

Recipes Recettes *Recepten*

Photo credits
All the photos contained in this book are from Backlight - Fabrizio Esposito (www.backlight.it), except the following ones.
Istockphoto: cover picture (© Paul Tessier); p. 24 (© Katarzyna Małecka); p. 25 (© milos luzanin); p. 30 (Fanelli Photography).
ICP: p. 7; p. 28; p. 29.
Special thanks to Federico Botta.